DER NÄCHSTE
DER PRÄSIDENT WIRD ES TUN
DAS GLEICHE

KING ZOLA

Inhaltsverzeichnis

EINFÜHRUNG 7

Kapitel 1 16

DIE ILLUSION DER VERÄNDERUNG 16

    Einführung 16

    Politische Versprechen dekonstruieren....................17

    Historische Präzedenzfälle 18

    Die Rolle der Medien 19

    Der emotionale Reiz 20

    Die Fallstricke des Überversprechens....................21

    Erwartungen verwalten 22

    Abschluss 22

Kapitel 2 24

Der Einfluss besonderer Interessen.........................24

    Einführung 24

    Die Macht des Lobbyings 25

    Kampagnenfinanzierung 26

    Die Drehtür 27

    Fallstudien...28

    Öffentliche Wahrnehmung und Rechenschaftspflicht...........29

    Reform und Kontrollen 30

    Abschluss 31

Kapitel 3 33

Die Zwänge des politischen Systems 33

    Einführung 33

    Partisanenpolitik 34

Stillstand und Patt...35

Gewaltenteilung 36

Institutionelle Trägheit 36

Fallstudien...37

Navigieren durch die Einschränkungen 38

Abschluss 39

Kapitel 4 41

Die Trägheit des Institutionalismus 41

Einführung 41

Die Kraft der Tradition 42

Bürokratischer Widerstand...43

Interessenbindungen 43

Kulturelle Normen und Überzeugungen...........................44

Strategien zur Überwindung institutioneller Trägheit.........46

Abschluss: 48

Kapitel 5: 50

DIE AUSWIRKUNG GLOBALER KRÄFTE.........................50

Einführung 50

Globalisierung und Vernetzung 51

Internationale Beziehungen und Diplomatie.....................52

Wirtschaftliche Interdependenz 53

Machtdynamik und globaler Einfluss................................54

Multilateralismus und kollektives Handeln 55

Strategien zur Steuerung globaler Kräfte 56

Abschluss 59

Kapitel 6 60

DIE ROLLE DER ÖFFENTLICHEN MEINUNG 60

    Einführung 60

    Die Macht der öffentlichen Wahrnehmung 61

    Medien- und Informationslandschaft 62

    Politische Botschaften und Überzeugung 63

    Öffentliches Engagement und Aktivismus 64

    Komplexität und begrenztes Verständnis 65

    Änderung der öffentlichen Meinung 66

    Abschluss 67

Kapitel 7 69

ALTERNATIVEN UND REFORM 69

    Einführung 69

    Innovative Strategien 70

    Basisbewegungen und Stärkung der Bürger 71

    Systemische Reformen 72

    Politische Innovation und Experimente 73

    Kollaborative Governance 74

    Internationale Zusammenarbeit und Lernen 75

    Abschluss 76

Kapitel 8 78

HOFFNUNG AUF VERÄNDERUNG? 78

    Einführung 78

    Die Komplexität des Wandels 79

    Die Rolle der Führung 80

    Katalysatoren für Veränderungen 81

    Öffentliche Nachfrage und Mobilisierung 82

Widerstand und Pushback überwinden 83

Nachhaltige Dynamik aufbauen 84

Abschluss 85

ABSCHLUSS 87

ÜBER DEN AUTOR 92

EINFÜHRUNG

In der Politik werden wir ständig mit Versprechungen von Veränderung, Hoffnung und einer besseren Zukunft bombardiert. Mit jedem neuen Wahlzyklus tauchen Kandidaten auf, die die Öffentlichkeit mit ihren großen Visionen und hohen Verpflichtungen auf den Plan rufen. Die Wählerschaft, die des Status quo überdrüssig ist und sich nach Fortschritt sehnt, nimmt diese Versprechen eifrig an und hofft, dass der nächste Präsident der Katalysator für eine echte Transformation sein wird.

Allerdings sind wir immer wieder desillusioniert. Während sich der Staub legt und der Wahlkampfeifer nachlässt, wird klar, dass der nächste Präsident dasselbe tun wird. Der Zyklus wiederholt sich, als wäre er in einer Dauerschleife unerfüllter Erwartungen gefangen. Aber warum passiert das? Welche Kräfte tragen zu diesem scheinbar endlosen Kreislauf gebrochener Versprechen und unerfüllter Wünsche bei?

In diesem Buch mit dem Titel „Der nächste Präsident wird das Gleiche tun" begeben wir uns auf eine Reise, um die Wahrheiten hinter diesem Phänomen aufzudecken. Durch die Untersuchung historischer Präzedenzfälle, systemischer Mängel und der Auswirkungen verschiedener Interessengruppen wollen wir Licht auf die Faktoren werfen, die den Status quo aufrechterhalten. Indem wir die Komplexität der Politik analysieren, versuchen wir zu verstehen, warum Veränderungen schwer fassbar sind und warum unsere Hoffnungen auf eine transformative Führungspersönlichkeit oft unerfüllt bleiben.

Kapitel 1: „Die Illusion der Veränderung"untersucht den Reiz von Wahlversprechen und die daraus resultierende Ernüchterung. Wir vertiefen uns in den historischen Kontext und untersuchen bemerkenswerte Fälle, in denen Politiker grandiose Versprechungen machten, ihre Zusagen jedoch nicht einhielten. Durch diese Erkundung gewinnen wir Einblick in die Muster und Fallstricke politischer Rhetorik und verstehen, wie sie fesseln und täuschen kann.

Kapitel 2: „Der Einfluss besonderer Interessen"enthüllt die Rolle von Lobbyarbeit und Unternehmensinteressen bei der Gestaltung politischer Agenden. Wir tauchen ein in die düstere Welt des Geldes in der Politik und decken den Einfluss der Wahlkampffinanzierung und die Drehtür zwischen Regierung und

Privatsektor auf. Wenn wir die Macht von Sonderinteressen verstehen, können wir besser verstehen, warum uns systemische Veränderungen oft entgehen.

In Kapitel 3: „Die Zwänge des politischen Systems"Wir bewältigen die Komplexität der Governance und die Hindernisse für den Fortschritt. Parteipolitik, Stillstand und das komplizierte System der Gewaltenteilung tragen alle zu der Trägheit bei, die transformatives Handeln behindert. Durch Analysen und Fallstudien zeigen wir die Herausforderungen auf, mit denen Politiker konfrontiert sind, wenn sie sich durch das komplexe Netz des politischen Systems bewegen.

Kapitel 4: „Die Trägheit des Institutionalismus"beleuchtet den

Widerstand gegen Veränderungen innerhalb staatlicher Institutionen. Festgefahrene Bürokratien behindern oft Reformen und setzen die Politik von Verwaltung zu Verwaltung fort. Durch die Untersuchung realer Beispiele entwirren wir die Schichten der institutionellen Trägheit und gewinnen ein tieferes Verständnis der Kräfte, die sich Veränderungen widersetzen.

„Die Auswirkungen globaler Kräfte" steht im Mittelpunkt von Kapitel 5. Wir untersuchen, wie internationale Politik und Wirtschaft die Entscheidungen unserer Führungskräfte beeinflussen. Globale Verpflichtungen, geopolitische Überlegungen und das empfindliche Gleichgewicht zwischen nationalen Interessen und globalen Verantwortlichkeiten beeinflussen alle das Handeln unserer gewählten Amtsträger. Das Verständnis dieser Faktoren ist entscheidend, um zu verstehen, warum Veränderungen oft durch äußere Kräfte gedämpft werden.

In Kapitel 6: „Die Rolle der öffentlichen Meinung"Wir untersuchen die Grenzen der öffentlichen Meinung bei der Gestaltung der Politik. Wir untersuchen die Manipulation der öffentlichen Meinung, den Einfluss von Medien und sozialen Medien sowie die Herausforderungen, denen sich Führungskräfte bei der Führung einer Gesellschaft mit unterschiedlichen und manchmal widersprüchlichen Standpunkten gegenübersehen. Indem wir die Komplexität der öffentlichen Meinung entschlüsseln, gewinnen wir Einblick in die Zwänge, mit denen Politiker konfrontiert sind.

Kapitel 7: „Alternativen und Reform"erforscht mögliche Lösungen, um den Kreislauf der Stagnation zu

durchbrechen. Wir untersuchen
alternative politische Systeme,
Vorschläge für eine Reform der
Wahlkampffinanzierung und die
Notwendigkeit institutioneller
Veränderungen. Indem wir
Basisbewegungen und ihr
Wirkungspotenzial untersuchen, decken
wir Wege auf, die politische Landschaft
zu verändern.

Im letzten Kapitel „Hoffnung auf
Veränderung?"Wir stützen uns dabei auf
die gewonnenen Erkenntnisse

 das Buch, um ein Bild der
Möglichkeiten zu zeichnen. Wir
untersuchen historische Beispiele der
Transformation und analysieren die
Macht einer engagierten und
informierten Bürgerschaft. Indem wir die
Möglichkeiten für systemische
Veränderungen verstehen und wissen,

wie wichtig es ist, Politiker zur Rechenschaft zu ziehen, entwickeln wir einen Sinn für Optimismus für eine Zukunft, die sich von den Grenzen des wiederkehrenden Kreislaufs befreit.

Wenn wir uns auf die Erkundung politischer Dynamiken einlassen, ist es unerlässlich, mit einem offenen Geist und einem kritischen Blick an die Thematik heranzugehen. Indem wir die zugrunde liegenden Kräfte verstehen, die zur Aufrechterhaltung des Status quo beitragen, können wir beginnen, das bestehende System in Frage zu stellen und herauszufordern. Durch Wissen und Bewusstsein können wir uns in die Lage versetzen, von unseren Führungskräften echte Veränderungen zu fordern und uns aus dem Kreislauf leerer Versprechungen und unerfülltem Potenzial zu befreien. Lassen Sie uns gemeinsam diese Reise antreten und nach einem tieferen Verständnis dafür

suchen, warum der nächste Präsident
dasselbe tun wird.

Kapitel 1

DIE ILLUSION DER VERÄNDERUNG

Einführung

Im Bereich der Politik ist der Reiz der Veränderung eine mächtige Kraft. Es fesselt die Herzen und Gedanken der Wähler und bietet einen Hoffnungsschimmer für eine bessere Zukunft. Im Wahlkampf beherrschen Politiker die Kunst der Rhetorik und formulieren Versprechen, die unsere tiefsten Wünsche und Sehnsüchte ansprechen. Sie zeichnen lebendige Bilder des Wandels und versichern uns, dass sie, wenn wir sie wählen, eine neue Ära des Fortschritts und des Wohlstands einläuten werden.

Wenn jedoch der Eifer des Wahlkampfs nachlässt und die Realitäten der Regierungsführung Einzug halten, sehen wir uns oft mit der harten Realität unerfüllter Versprechen konfrontiert. Die Illusion der Veränderung beginnt sich aufzulösen und wird durch ein Gefühl der Ernüchterung ersetzt. Es scheint, als ob sich der Zyklus wiederholt, egal wer sein Amt antritt, und wir fragen uns, warum unsere Hoffnungen auf Transformation so oft zerstört werden.

Politische Versprechen dekonstruieren

Um die Illusion des Wandels zu verstehen, müssen wir zunächst die Natur politischer Versprechen dekonstruieren. Wahlkampfrhetorik, sorgfältig ausgearbeitet, um bei den

Wählern Anklang zu finden, basiert oft auf hohen Idealen und umfassenden Visionen. Politiker verpflichten sich, drängende Probleme anzugehen, von der Gesundheitsreform bis zur wirtschaftlichen Wiederbelebung, und versprechen eine bessere Zukunft für alle. Diese mit Überzeugung und Charme vorgetragenen Versprechen wecken bei den Wählern Vorfreude.

Historische Präzedenzfälle

Die Untersuchung historischer Präzedenzfälle offenbart ein Muster gebrochener Versprechen. In den Annalen der Politik finden wir zahlreiche Beispiele dafür, dass Führungspersönlichkeiten nach ihrer Wahl ihren Verpflichtungen nicht nachkamen. Ganz gleich, ob es sich um die Nichtverabschiedung umfassender Gesetze oder um eine Abkehr von Wahlkampfpositionen handelt, die Bilanz der nicht eingehaltenen Versprechen ist entmutigend. Von Präsidentschaftswahlkämpfen bis hin zu Kommunalwahlen bleibt das Muster auf allen Regierungsebenen bestehen.

Die Rolle der Medien

Die Medien spielen eine wichtige Rolle bei der Aufrechterhaltung der Illusion von Veränderung. Während der Wahlzyklen erhalten Kandidaten enorme Berichterstattung und Aufmerksamkeit, was ihnen eine Plattform bietet, um ihre Versprechen bekannt zu machen. Sobald sie jedoch im Amt sind, verlagern die Medien ihren Fokus oft anderswo, lassen wenig Raum für Kontrolle und ziehen die Führungskräfte für ihr Engagement zur

Rechenschaft. Der Mangel an kontinuierlicher Medienkontrolle trägt zur Aufrechterhaltung der Illusion bei und ermöglicht es Politikern, sich der Kontrolle und Rechenschaftspflicht zu entziehen.

Der emotionale Reiz

Die Illusion von Veränderung ist nicht nur das Ergebnis leerer Versprechungen; Es liegt auch an der emotionalen Anziehungskraft der Wahlkampfrhetorik. Politiker nutzen die Ängste, Frustrationen und Hoffnungen der Wähler und schaffen so eine emotionale Verbindung, die tiefe Resonanz findet. Indem sie kraftvolle Bilder hervorrufen und eine überzeugende Sprache verwenden, erzeugen sie ein Gefühl der Einheit und des Ziels und überzeugen uns davon, dass sie der Vorbote des Wandels sind.

Die Fallstricke des Überversprechens

Einer der Hauptgründe für die Aufrechterhaltung der Illusion von Veränderung ist die Tendenz der Politiker, zu viel zu versprechen. Auf der Suche nach Wählerstimmen gehen Kandidaten möglicherweise unrealistische Verpflichtungen ein oder spielen die Komplexität der Regierungsführung herunter. Sie bieten schnelle Lösungen und einfache Lösungen für komplexe Probleme und schaffen so eine Atmosphäre unrealistischer Erwartungen. Wenn diese Versprechen unweigerlich nicht erfüllt werden, stellt sich Ernüchterung ein.

Erwartungen verwalten

Sowohl für Politiker als auch für die Wähler ist es von entscheidender Bedeutung, die Erwartungen realistisch zu steuern. Politiker müssen transparent über die Herausforderungen sein, denen sie bei der Umsetzung ihrer vorgeschlagenen Änderungen gegenüberstehen, während Wähler bei der Bewertung von Wahlversprechen anspruchsvoll und kritisch sein müssen. Indem wir eine Kultur des informierten Skeptizismus fördern, können wir die Auswirkungen der Illusion des Wandels abmildern und Politiker für ihr Handeln zur Rechenschaft ziehen.

Abschluss

Kapitel 1 entlarvt die Illusion des Wandels, die unsere politische

Landschaft durchdringt. Indem wir politische Versprechen dekonstruieren, historische Präzedenzfälle untersuchen und die Rolle von Medien und emotionaler Anziehungskraft verstehen, gewinnen wir Einblick in die Mechanismen, die diese Illusion aufrechterhalten. Das Erkennen der Fallstricke übermäßiger Versprechungen und die Bewältigung unserer Erwartungen sind wesentliche Schritte bei der Bewältigung der Komplexität der politischen Landschaft. In den folgenden Kapiteln werden wir die Kräfte weiter entschlüsseln

 die zum Kreislauf unerfüllter Versprechen beitragen und ein umfassendes Verständnis dafür vermitteln, warum der nächste Präsident dasselbe tun wird.

Kapitel 2

Der Einfluss besonderer Interessen

Einführung

Im Bereich der Politik ist der Einfluss von Sonderinteressen zu einer allgegenwärtigen und mächtigen Kraft geworden. Lobbygruppen, Unternehmen und andere mächtige Interessengruppen üben erheblichen Einfluss auf politische Entscheidungsprozesse aus. Ihre Interessen und Absichten prägen oft die politischen Ergebnisse und lassen die Wählerschaft fragen, ob der nächste Präsident wirklich einen Wandel herbeiführen oder dem Druck dieser einflussreichen Einheiten nachgeben wird. In diesem Kapitel befassen wir uns mit dem komplizierten Netz des Einflusses von Sonderinteressen und untersuchen, inwieweit dieser Einfluss auf unser politisches System hat.

Die Macht des Lobbyings

Lobbying ist ein Eckpfeiler der Interessenbeeinflussung in der Politik. Unternehmen, Interessengruppen und professionelle Lobbyisten wenden verschiedene Strategien an, um ihre Interessen voranzutreiben und positive Ergebnisse zu erzielen. Sie üben direkte Überzeugungsarbeit aus, nutzen finanzielle Beiträge und nutzen ihren Zugang zu politischen Entscheidungsträgern, um Gesetze und Vorschriften zu gestalten. Die enormen Ressourcen, die ihnen zur Verfügung stehen, ermöglichen es ihnen, ihre Stimmen effektiv zu verstärken und erheblichen Druck auf gewählte Amtsträger auszuüben.

Kampagnenfinanzierung

Geld spielt in der Politik eine zentrale Rolle und die Wahlkampffinanzierung hat einen tiefgreifenden Einfluss auf die Entscheidungen von Politikern. Spezielle Interessengruppen spenden erhebliche Geldsummen für politische Kampagnen und beeinflussen so effektiv den Wahlprozess. Mit Spenden und finanzieller Unterstützung geht oft die Erwartung einer Vorzugsbehandlung einher, was zu einem potenziellen Interessenkonflikt für gewählte Amtsträger führt. Die Notwendigkeit, Mittel für die Wiederwahl zu sichern, kann Politiker dazu veranlassen, ihre Politik und ihr Handeln an den Wünschen ihrer finanziellen Unterstützer auszurichten.

Die Drehtür

Die Drehtür zwischen Regierung und Privatsektor verstärkt den Einfluss von Sonderinteressen zusätzlich. Personen, die in öffentlichen Ämtern gedient haben, wechseln oft in lukrative Positionen in Branchen, die sie einst reguliert haben. Diese Drehtür schafft eine symbiotische Beziehung zwischen politischen Entscheidungsträgern und Unternehmensinteressen und verwischt die Grenzen zwischen öffentlichem Dienst und privatem Gewinn. Das Potenzial für Interessenkonflikte und das Risiko der Vereinnahmung von Vorschriften sind groß und geben

Anlass zur Sorge hinsichtlich einer unparteiischen Entscheidungsfindung.

Fallstudien

Die Untersuchung spezifischer Fallstudien ermöglicht es uns, das Ausmaß des Einflusses von Sonderinteressen auf politische Ergebnisse zu erfassen. Wir beschäftigen uns mit Beispielen, bei denen mächtige Lobbygruppen und Unternehmensinteressen die Gesetzgebung erfolgreich zu ihren Gunsten gestaltet haben. Vom Energie- und Gesundheitssektor bis hin zum Finanz- und Telekommunikationssektor decken wir Fälle auf, in denen politische Entscheidungen eng mit den Interessen einflussreicher Unternehmen übereinstimmen. Diese Fallstudien liefern konkrete Beweise dafür, wie

Sonderinteressen die politische
Landschaft prägen können.

Öffentliche Wahrnehmung und Rechenschaftspflicht

Der Einfluss von Sonderinteressen wirft
Fragen zur Rechenschaftspflicht
gewählter Amtsträger auf. Wenn
Politiker den Forderungen mächtiger
Interessengruppen Vorrang vor den
Interessen der Allgemeinheit einräumen,
wird der demokratische Prozess
gefährdet. Die öffentliche Wahrnehmung
der Wirksamkeit der Regierung und des
Vertrauens in politische Institutionen
kann beeinträchtigt werden. Es ist
wichtig, Transparenz, Ethik und strenge
Vorschriften zu fördern, die den
unangemessenen Einfluss von

Sonderinteressen abschwächen und sicherstellen, dass die Stimme des Volkes im Mittelpunkt der Entscheidungsprozesse bleibt.

Reform und Kontrollen

Die Bekämpfung des Einflusses von Sonderinteressen erfordert Reformbemühungen, die auf die Wiederherstellung der Integrität des politischen Systems abzielen. Eine Reform der Wahlkampffinanzierung, strengere Lobbying-Vorschriften und Transparenzmaßnahmen sind mögliche Wege, um den unzulässigen Einfluss von Sonderinteressen einzudämmen. Darüber hinaus kann die Einführung wirksamer Kontrollmechanismen zusammen mit unabhängigen Aufsichtsmechanismen dazu beitragen, die Untergrabung des öffentlichen

Interesses durch mächtige Einheiten zu verhindern.

Abschluss

Kapitel 2 enthüllt den allgegenwärtigen Einfluss von Sonderinteressen auf unser politisches System. Indem wir die Macht der Lobbyarbeit, die Auswirkungen der Wahlkampffinanzierung und die Drehtür zwischen Regierung und Privatsektor untersuchen, gewinnen wir ein umfassendes Verständnis der Mechanismen, durch die Sonderinteressen politische Ergebnisse beeinflussen. Die bereitgestellten Fallstudien verdeutlichen die spürbaren Auswirkungen dieses Einflusses. Um die Integrität unserer demokratischen Prozesse zu schützen, ist es von entscheidender Bedeutung, dem Einfluss von Sonderinteressen durch Reformen und Maßnahmen zur

Rechenschaftspflicht entgegenzuwirken. In den folgenden Kapiteln werden wir weiterhin die Faktoren untersuchen, die zur Aufrechterhaltung des Status quo beitragen, und beleuchten, warum der nächste Präsident dasselbe tun wird.

Kapitel 3

Die Zwänge des politischen Systems

Einführung

Das politische System, in dem Führungskräfte agieren, spielt eine wichtige Rolle bei der Gestaltung ihrer Fähigkeit, sinnvolle Veränderungen herbeizuführen. Auch wenn Politiker ihr Amt mit großen Visionen und Versprechen antreten, sind sie oft mit einem komplexen Netz von Zwängen konfrontiert, die sie daran hindern, diese Verpflichtungen einzuhalten. In diesem Kapitel befassen wir uns mit den inhärenten Beschränkungen und Herausforderungen des politischen Systems und untersuchen, wie parteiische Politik, Stillstand und das System der gegenseitigen Gewaltenteilung transformatives Handeln behindern.

Partisanenpolitik

Partisanenpolitik, die durch tief verwurzelte Spaltungen entlang ideologischer Linien gekennzeichnet ist, stellt ein erhebliches Hindernis für den Fortschritt dar. Der kontroverse Charakter der Politik führt oft dazu, dass man sich darauf konzentriert, politische Punkte zu sammeln, anstatt eine gemeinsame Basis zu finden und wirksame Lösungen umzusetzen. Die Polarisierung zwischen politischen Parteien kann zu einem Stillstand und einem Mangel an parteiübergreifender Zusammenarbeit führen, was die Verabschiedung von Gesetzen und die

Verfolgung transformativer Maßnahmen behindert.

Stillstand und Patt

Ein Stillstand tritt auf, wenn das politische System festgefahren ist und aufgrund fehlender Konsens nicht in der Lage ist, voranzukommen. Meinungsverschiedenheiten unter Politikern sowohl innerhalb als auch zwischen Parteien können zu Pattsituationen in der Gesetzgebung führen. Die Unfähigkeit, Kompromisse zu finden und Vereinbarungen zu treffen, kann den Entscheidungsprozess lahmlegen und die Verwirklichung sinnvoller Veränderungen verhindern. Der Stillstand wird oft durch Faktoren wie Parteiloyalität, ideologische Starrheit und den Einfluss von Sonderinteressen verschärft.

Gewaltenteilung

Auch das System der gegenseitigen Gewaltenteilung, das Machtmissbrauch verhindern und die Gewaltenteilung aufrechterhalten soll, kann schnelles und entschlossenes Handeln behindern. Obwohl es als Schutz gedacht ist, kann es zu einem komplexen Geflecht aus Prozessen und Genehmigungen führen, das die Entscheidungsfindung verlangsamt. Die Forderung, dass mehrere Regierungszweige zusammenarbeiten und einen Konsens erzielen müssen, kann zu Kompromissen führen, die die ursprüngliche Vision verwässern und transformative Reformen behindern.

Institutionelle Trägheit

Regierungsinstitutionen, die durch Bürokratie und etablierte Protokolle gekennzeichnet sind, zeigen häufig Widerstand gegen Veränderungen. Festgefahrene Bürokratien sind möglicherweise resistent gegenüber neuen Ideen und resistent gegenüber der Störung etablierter Routinen. Die Trägheit dieser Institutionen kann es für Politiker schwierig machen, ihre vorgeschlagenen Änderungen effektiv umzusetzen. Die Komplexität, sich in diesen Bürokratien zurechtzufinden und institutionellen Widerstand zu überwinden, kann zur Aufrechterhaltung des Status quo beitragen.

Fallstudien

Durch die Untersuchung spezifischer Fallstudien können wir verstehen, wie sich die Zwänge des politischen Systems in realen Szenarien manifestieren. Wir untersuchen Fälle, in denen parteiische Politik, Stillstand und Gewaltenteilung transformatives Handeln behindert haben. Durch diese Fallstudien gewinnen wir Einblick in die Herausforderungen, denen sich Politiker bei der Bewältigung der Feinheiten des politischen Systems gegenübersehen.

Navigieren durch die Einschränkungen

Auch wenn die Zwänge des politischen Systems gewaltig sein können, gibt es Strategien und Ansätze, mit denen Politiker effektiv damit umgehen können. Der Aufbau von Koalitionen, die Förderung von Beziehungen über Parteigrenzen hinweg und die Priorisierung themenbezogener Zusammenarbeit können dazu beitragen, die Barrieren der Parteipolitik zu überwinden. Auch die Suche nach einer gemeinsamen Basis und die Beteiligung an inklusiven Entscheidungsprozessen können den Stillstand lindern. Darüber hinaus kann das Verständnis und die Arbeit innerhalb der etablierten Systeme der gegenseitigen Kontrolle dazu beitragen, die Komplexität zu bewältigen und die Einhaltung demokratischer Normen sicherzustellen.

Abschluss

Kapitel 3 beleuchtet die inhärenten Zwänge des politischen Systems, die transformatives Handeln behindern. Parteipolitik, Stillstand, das System der Gewaltenteilung und institutionelle Trägheit stellen gemeinsam erhebliche Herausforderungen für Politiker dar, die Veränderungen herbeiführen wollen. Durch die Untersuchung von Fallstudien und die Erforschung von Strategien zur Bewältigung dieser Einschränkungen gewinnen wir ein tieferes Verständnis für die Komplexität, mit der Führungskräfte konfrontiert sind. In den folgenden Kapiteln werden wir weiterhin die Kräfte untersuchen, die zur Aufrechterhaltung des Status quo beitragen, und herausfinden, warum der nächste Präsident dasselbe tun wird.

Die Trägheit des Institutionalismus

Einführung

Institutionen sind das Rückgrat jedes politischen Systems und sorgen für Struktur, Stabilität und Kontinuität. Allerdings kann die Trägheit des Institutionalismus oft zu einem Hindernis für sinnvolle Veränderungen werden. In diesem Kapitel untersuchen wir, wie die etablierten Normen, Bürokratien und Eigeninteressen innerhalb von Institutionen zur Aufrechterhaltung des Status quo beitragen können. Wir untersuchen die Herausforderungen, mit denen Politiker bei der Bewältigung institutioneller Trägheit konfrontiert sind, und diskutieren mögliche Strategien zur Überwindung dieser Hindernisse.

Die Kraft der Tradition

Traditionen und etablierte Praktiken innerhalb von Institutionen können einen starken Einfluss auf Entscheidungsprozesse haben. Langjährige Normen und Bräuche prägen die Erwartungen der Stakeholder und machen es für Politiker schwierig, vom etablierten Weg abzuweichen. Der Widerstand gegen Veränderungen, der durch den Wunsch geschürt wird, Stabilität zu wahren und Traditionen aufrechtzuerhalten, kann innovative Ideen ersticken und das Potenzial für transformatives Handeln einschränken.

Bürokratischer Widerstand

Bürokratien mit ihren Hierarchien, Verfahren und Standardbetriebsprotokollen können Veränderungen gegenüber resistent sein. Die etablierten Routinen und fest verwurzelten Strukturen innerhalb der Bürokratien können die Umsetzung neuer Richtlinien und Initiativen behindern. Bürokraten, deren Aufgabe es ist, für Stabilität und die Einhaltung etablierter Prozesse zu sorgen, neigen möglicherweise von Natur aus dazu, den Status quo aufrechtzuerhalten, was zu Trägheit und Widerstand gegenüber transformativen Maßnahmen führt.

Interessenbindungen

Institutionen haben häufig Eigeninteressen, die darauf abzielen, ihren Einfluss und ihre Macht zu schützen. Diese Interessen können sich in Form von Lobbygruppen, einflussreichen Interessengruppen und internen Fraktionen innerhalb der Institutionen selbst manifestieren. Der Widerstand dieser Interessengruppen gegen Veränderungen kann Hindernisse für Politiker schaffen, die eine transformative Politik umsetzen wollen. Diese Interessen versuchen möglicherweise, ihre privilegierten Positionen zu bewahren und sich Reformen zu widersetzen, die ihren Status quo in Frage stellen könnten.

Kulturelle Normen und Überzeugungen

Kulturelle Normen und Überzeugungen, die tief in der Gesellschaft verwurzelt sind, können ebenfalls zur institutionellen Trägheit beitragen. Gesellschaftliche Erwartungen, Werte und tief verwurzelte Vorurteile prägen die Funktionsweise von Institutionen und beeinflussen Entscheidungsprozesse. Infrage gestellte kulturelle Normen können auf Widerstand stoßen, da sie tief verwurzelte Überzeugungen und Traditionen repräsentieren, die möglicherweise schwer zu überwinden sind. Die Überwindung dieser kulturellen Barrieren erfordert einen umfassenderen gesellschaftlichen Wandel und eine Änderung der kollektiven Einstellung gegenüber transformativen Veränderungen.

Strategien zur Überwindung institutioneller Trägheit

Während institutionelle Trägheit ein gewaltiges Hindernis darstellen kann, gibt es Strategien, mit denen Politiker diese Hindernisse überwinden können:

- **Bildung von Koalitionen:** Die Schaffung von Allianzen und Partnerschaften mit gleichgesinnten Einzelpersonen und Gruppen innerhalb von Institutionen kann dazu beitragen, Unterstützung für transformative Maßnahmen zu gewinnen und die Erfolgschancen zu erhöhen.

- **Einbindung von Stakeholdern:** Die Einbeziehung der Stakeholder in den Entscheidungsprozess und die Einholung ihres Inputs kann dazu beitragen, einen Konsens zu erzielen und Widerstände gegen Veränderungen zu überwinden.

- **Inkrementelle Änderung:** Durch die Unterteilung transformativer Ziele in kleinere, besser überschaubare Schritte können sie für Institutionen schmackhafter gemacht und der Widerstand gegen Veränderungen gemildert werden.

- **Führung und Vision:** Starke Führung, kombiniert mit einer klaren Vision für

Veränderungen, kann andere innerhalb von Institutionen inspirieren und Unterstützung für transformative Maßnahmen mobilisieren.

- **Öffentlicher Druck:** Die Nutzung der öffentlichen Unterstützung und die Mobilisierung der öffentlichen Meinung können externen Druck auf Institutionen ausüben und sie dazu zwingen, Veränderungen anzunehmen.

Abschluss:

Kapitel 4 beleuchtet die Trägheit des Institutionalismus als wesentliches Hindernis für transformative Veränderungen. Die Macht der Tradition, bürokratischer Widerstand,

Eigeninteressen und kulturelle Normen tragen alle zur Aufrechterhaltung des Status quo bei. Das Verständnis dieser Herausforderungen und die Anwendung von Strategien zur Überwindung der institutionellen Trägheit sind für Politiker, die sinnvolle Veränderungen herbeiführen möchten, von entscheidender Bedeutung. In den folgenden Kapiteln werden wir weiterhin die Faktoren untersuchen, die zum wiederkehrenden Kreislauf unerfüllter Versprechen beitragen, und Licht darauf werfen, warum der nächste Präsident dasselbe tun wird.

Kapitel 5

DIE AUSWIRKUNG GLOBALER KRÄFTE

Einführung

In einer zunehmend vernetzten Welt sind die Handlungen und Entscheidungen politischer Führer nicht isoliert innerhalb nationaler Grenzen. Globale Kräfte üben erheblichen Einfluss auf die Innenpolitik aus und prägen die Fähigkeit des nächsten Präsidenten, wesentliche Veränderungen herbeizuführen. In diesem Kapitel untersuchen wir die Auswirkungen globaler Kräfte wie Globalisierung, internationale Beziehungen und wirtschaftliche Interdependenz auf die politische

Landschaft. Wir untersuchen, wie diese Kräfte den Umfang transformativen Handelns einschränken und zur Wiederholung bekannter Muster beitragen können.

Globalisierung und Vernetzung

Die Globalisierung hat die Integration von Volkswirtschaften, Kulturen und Gesellschaften über nationale Grenzen hinweg erleichtert. Die durch die Globalisierung hervorgerufene Vernetzung hat sowohl positive als auch negative Auswirkungen auf politische Führer. Es bietet zwar Möglichkeiten für Zusammenarbeit, Handel und Innovation, setzt Regierungen jedoch auch externen Zwängen und Zwängen aus. Die Notwendigkeit, sich in der globalen Dynamik zurechtzufinden und sich an internationale Normen zu halten, kann die Autonomie und Flexibilität politischer Führer bei der Verfolgung transformativer Maßnahmen einschränken.

Internationale Beziehungen und Diplomatie

Das komplexe Geflecht internationaler Beziehungen und diplomatischer Überlegungen kann sich auf das Handeln politischer Führer auswirken. Die Zusammenarbeit mit anderen Nationen erfordert einen heiklen Balanceakt, da bei Entscheidungen nicht nur nationale Interessen, sondern auch der breitere globale Kontext berücksichtigt werden müssen. Das Aushandeln von Vereinbarungen, der

Umgang mit diplomatischen Spannungen und die Einhaltung internationaler Verpflichtungen können oft die Fähigkeit von Führungskräften einschränken, transformative Richtlinien umzusetzen, die von etablierten Normen und Erwartungen abweichen.

Wirtschaftliche Interdependenz

In einer Zeit der wirtschaftlichen Interdependenz sind die Handlungen politischer Führer eng mit den globalen wirtschaftlichen Realitäten verknüpft. Handelsabkommen, Finanzsysteme und multinationale Konzerne üben erheblichen Einfluss auf die Innenpolitik aus. Die Notwendigkeit, die wirtschaftliche Stabilität aufrechtzuerhalten, ausländische Investitionen anzuziehen und globale

Wirtschaftsschwankungen zu bewältigen, kann den Umfang transformativer Maßnahmen einschränken. Das komplexe Geflecht wirtschaftlicher Interdependenz kann zu Zwängen und Abhängigkeiten führen, die die Fähigkeit einschränken, wesentliche Veränderungen herbeizuführen.

Machtdynamik und globaler Einfluss

Globale Machtdynamiken spielen eine entscheidende Rolle bei der Gestaltung der Handlungen und Entscheidungen politischer Führer. Großmächte, regionale Allianzen und einflussreiche internationale Organisationen üben erheblichen Einfluss auf die politischen Ergebnisse aus. Die Verfolgung nationaler Interessen überschneidet sich oft mit geopolitischen Überlegungen, und politische Führer müssen diese Machtdynamik steuern, um sicherzustellen, dass ihr Handeln mit strategischen Zielen im Einklang steht. Die Dominanz mächtiger Nationen und der von ihnen ausgeübte Einfluss können das transformative Potenzial von Führungskräften einschränken.

Multilateralismus und kollektives Handeln

Die Bewältigung globaler Herausforderungen wie des Klimawandels erfordert kollektives Handeln und multilaterale Zusammenarbeit. Politische Führer müssen die Komplexität internationaler Verhandlungen bewältigen und einen Konsens zwischen verschiedenen Nationen mit konkurrierenden

Interessen anstreben. Die Notwendigkeit, sich an globalen Vereinbarungen zu orientieren und kollektives Handeln zu mobilisieren, kann die Fähigkeit einschränken, unabhängig transformative Richtlinien zu verfolgen. Die Balance zwischen nationalen Prioritäten und den Erfordernissen globaler Zusammenarbeit wird für politische Führer zu einer heiklen Aufgabe.

Strategien zur Steuerung globaler Kräfte

Trotz der durch globale Kräfte auferlegten Zwänge können politische Führer Strategien anwenden, um diese Dynamik effektiv zu steuern:

- **Diplomatisches Engagement:** Aktives Engagement in internationalen Foren und diplomatischen Bemühungen können dazu beitragen, globale Narrative zu formen und internationale Prioritäten mit inländischen Transformationszielen in Einklang zu bringen.

- **Strategische Allianzen:** Durch die Bildung strategischer Allianzen und Partnerschaften mit gleichgesinnten Nationen und internationalen Organisationen kann die Wirkung transformativer Maßnahmen verstärkt und Impulse für Veränderungen gesetzt werden.

- **Globale Interessenvertretung:** Die Nutzung von Plattformen und Netzwerken, um sich für globale Reformen einzusetzen und Unterstützung für transformative Maßnahmen zu mobilisieren, kann die Erfolgschancen erhöhen.

- **Abwägung nationaler Interessen:** Es ist wichtig, ein Gleichgewicht zwischen nationalen Interessen und globalen Verantwortlichkeiten zu finden. Politische Führer müssen die globalen Kräfte steuern und gleichzeitig die Prioritäten im Inland wahren und das Wohlergehen ihrer Bürger gewährleisten.

Abschluss

Kapitel 5 beleuchtet den Einfluss globaler Kräfte auf die Fähigkeit politischer Führer, transformative Veränderungen herbeizuführen. Globalisierung, internationale Beziehungen, wirtschaftliche Interdependenz, Machtdynamik und Multilateralismus prägen die politische Landschaft. Für Führungskräfte, die eine substanzielle Wirkung erzielen wollen, ist es von entscheidender Bedeutung, diese globalen Kräfte zu verstehen und effektiv zu steuern. In den folgenden Kapiteln werden wir

Erforschen Sie weiterhin die Faktoren, die zur Aufrechterhaltung des Status quo beitragen, und finden Sie heraus, warum der nächste Präsident dasselbe tun wird.

DIE ROLLE DER ÖFFENTLICHEN MEINUNG

Einführung

Die öffentliche Meinung hat erheblichen Einfluss auf die Handlungen und Entscheidungen politischer Führer. Die Gefühle, Überzeugungen und Vorlieben der allgemeinen Bevölkerung prägen die politische Landschaft und können transformative Veränderungen entweder vorantreiben oder behindern. In diesem Kapitel untersuchen wir die Rolle der öffentlichen Meinung bei der Gestaltung des Verhaltens von Politikern und befassen uns mit den Faktoren, die die öffentliche Wahrnehmung beeinflussen. Wenn wir die Dynamik der öffentlichen Meinung verstehen, können wir Erkenntnisse darüber gewinnen, warum der nächste Präsident vor Herausforderungen stehen könnte, den Teufelskreis des Status quo zu durchbrechen.

Die Macht der öffentlichen Wahrnehmung

Die öffentliche Meinung dient als Barometer für gesellschaftliche Einstellungen und Werte. Die Unterstützung oder der Mangel an Unterstützung durch die Öffentlichkeit kann tiefgreifende Auswirkungen auf die Handlungen und Entscheidungen politischer Führer haben.

Führungskräfte versuchen oft, ihre Politik an der öffentlichen Meinung auszurichten, um die Unterstützung der Bevölkerung aufrechtzuerhalten und eine Wiederwahl sicherzustellen. Der Einfluss der öffentlichen Meinung kann die Prioritäten politischer Führer prägen und ihre Fähigkeit einschränken, transformative Maßnahmen zu ergreifen, die möglicherweise von der vorherrschenden öffentlichen Meinung abweichen.

Medien- und Informationslandschaft

Die Medien spielen eine entscheidende Rolle bei der Gestaltung der öffentlichen Meinung. Nachrichtenagenturen, Social-Media-Plattformen und andere Medienformen beeinflussen die öffentliche Wahrnehmung, indem sie

Themen formulieren, bestimmte Narrative hervorheben und selektiv über Ereignisse berichten. Die Medienlandschaft und die Verbreitung von Informationen können sich auf den Grad des öffentlichen Bewusstseins, des Verständnisses und des Engagements für kritische Themen auswirken. Die Vorurteile und Sensationsgier in den Medien können die öffentliche Meinung prägen und zur Aufrechterhaltung des Status quo beitragen.

Politische Botschaften und Überzeugung

Politische Führer nutzen Messaging-Strategien, um die öffentliche Meinung zu formen und Unterstützung für ihre Ziele zu gewinnen. Effektive Kommunikations- und

Überzeugungstechniken werden eingesetzt, um die öffentliche Wahrnehmung von Richtlinien und Initiativen zu beeinflussen. Die Formulierung von Themen, emotionale Appelle und die Präsentation überzeugender Narrative spielen alle eine Rolle bei der Bildung der öffentlichen Meinung. Allerdings können politische Botschaften auch den Status quo aufrechterhalten, indem sie bestehende Überzeugungen und Präferenzen stärken, anstatt sie in Frage zu stellen.

Öffentliches Engagement und Aktivismus

Öffentliches Engagement und Aktivismus können transformative

Veränderungen vorantreiben, indem sie die öffentliche Meinung mobilisieren und Druck auf politische Führer ausüben. Basisbewegungen, Proteste und Bürgeraktivismus haben das Potenzial, den politischen Diskurs zu prägen und politische Ergebnisse zu beeinflussen. Der Erfolg öffentlicher Engagementbemühungen hängt jedoch von verschiedenen Faktoren ab, darunter dem Grad der Organisation, der Koordination und der Fähigkeit, die Dynamik über einen längeren Zeitraum aufrechtzuerhalten.

Komplexität und begrenztes Verständnis

Die öffentliche Meinung wird auch von der Komplexität politischer Themen und dem begrenzten Verständnis ihrer Feinheiten beeinflusst. Viele politische

Herausforderungen erfordern differenzierte Lösungen, die für die breite Öffentlichkeit möglicherweise nicht leicht verständlich sind. Die Komplexität dieser Probleme kann zu Herausforderungen bei der Gewinnung öffentlicher Unterstützung für transformative Maßnahmen führen, die erhebliche Änderungen oder Kompromisse erfordern. Vereinfachende oder irreführende Narrative können den öffentlichen Diskurs dominieren und das Potenzial für fundierte und konstruktive Diskussionen behindern.

Änderung der öffentlichen Meinung

Die öffentliche Meinung ist nicht festgelegt und kann sich im Laufe der Zeit weiterentwickeln. Veränderungen in der gesellschaftlichen Einstellung, Generationswechsel und transformative Ereignisse können die öffentliche Stimmung verändern. Politische Führungskräfte haben die Möglichkeit, die öffentliche Meinung durch effektive Kommunikation, Bildung und Transparenz zu beeinflussen. Durch die aktive Einbindung der Öffentlichkeit können Führungskräfte ein tieferes Verständnis komplexer Themen fördern und die öffentliche Wahrnehmung zugunsten transformativer Veränderungen beeinflussen.

Abschluss

Kapitel 6 betont die zentrale Rolle der öffentlichen Meinung bei der Gestaltung des Verhaltens politischer Führer. Die Medienlandschaft, politische Botschaften, öffentliches Engagement und das begrenzte Verständnis komplexer Themen tragen alle zur Dynamik der öffentlichen Meinung bei. Das Verständnis des Einflusses der öffentlichen Meinung ist für politische Führer, die einen transformativen Wandel herbeiführen möchten, von entscheidender Bedeutung. In den folgenden Kapiteln werden wir weiterhin die Kräfte untersuchen, die zur Aufrechterhaltung des Status quo beitragen, und Licht darauf werfen, warum der nächste Präsident dasselbe tun wird.

Kapitel 7

ALTERNATIVEN UND REFORM

Einführung

Während in den vorherigen Kapiteln die verschiedenen Faktoren skizziert wurden, die zur Wiederholung bekannter Muster in der Politik beitragen, untersucht dieses Kapitel die Möglichkeiten für Veränderungen und Reformen. Trotz der Herausforderungen und Zwänge, mit denen politische Führer konfrontiert sind, bieten alternative Ansätze und Reforminitiativen Chancen, aus dem Kreislauf des Status quo auszubrechen. In diesem Kapitel untersuchen wir mögliche Alternativen und Wege für transformatives Handeln und konzentrieren uns dabei auf innovative

Strategien, Basisbewegungen und systemische Reformen.

Innovative Strategien

Innovation und kreatives Denken können politischen Führungskräften neue Wege eröffnen, um Veränderungen herbeizuführen. Die Einführung innovativer Strategien wie technologiegesteuerter Lösungen, datengesteuerter Politikgestaltung und evidenzbasierter Ansätze kann die Wirksamkeit politischer Maßnahmen steigern und ihr transformatives Potenzial erhöhen. Die Nutzung der Innovationskraft und die Einführung zukunftsorientierter Praktiken können zu neuartigen Lösungen führen, die komplexe gesellschaftliche Herausforderungen bewältigen.

Basisbewegungen und Stärkung der Bürger

Basisbewegungen haben die Macht, die politische Landschaft zu prägen, indem sie die öffentliche Meinung mobilisieren und Veränderungen von Grund auf fordern. Diese von leidenschaftlichen Bürgern getragenen Bewegungen können den Status quo in Frage stellen und sich für eine transformative Politik einsetzen. Durch die Stärkung der Bürger, die Förderung des bürgerschaftlichen Engagements und die Stärkung der Stimmen marginalisierter Politiker können politische Führer die kollektive Macht des Volkes nutzen und eine integrativere und partizipativere Demokratie fördern.

Systemische Reformen

Um die Ursachen für die Aufrechterhaltung des Status quo anzugehen, sind systemische Reformen erforderlich. Strukturelle Veränderungen an politischen Institutionen, Wahlsystemen, Vorschriften zur Wahlkampffinanzierung und Governance-Mechanismen können dazu beitragen, die Einschränkungen zu mildern, die transformativem Handeln im Wege stehen. Durch die Förderung von Transparenz, Rechenschaftspflicht und demokratischen Werten können systemische Reformen ein günstigeres Umfeld für politische Führer schaffen, um transformative Richtlinien umzusetzen und sich von etablierten Normen zu befreien.

Politische Innovation und Experimente

Das Experimentieren mit politischen Ansätzen und die Pilotierung von Initiativen in kleinerem Maßstab können wertvolle Erkenntnisse über die Durchführbarkeit und Wirkung transformativer Maßnahmen liefern. Politische Führungskräfte können sich politische Innovationen zu eigen machen, indem sie Räume für Experimente schaffen, Politiklabore einrichten und evidenzbasierte Bewertungen von Pilotprojekten fördern. Durch die Einführung einer Kultur des Lernens und der Anpassungsfähigkeit können Führungskräfte wirksame Ansätze identifizieren und Widerstände gegen Veränderungen überwinden.

Kollaborative Governance

Kollaborative Governance, die durch Partnerschaften zwischen Regierung, Zivilgesellschaft und Privatsektor gekennzeichnet ist, bietet einen Weg für transformatives Handeln. Durch die Förderung kollaborativer Beziehungen können politische Führungskräfte das Fachwissen, die Ressourcen und die unterschiedlichen Perspektiven verschiedener Interessengruppen nutzen. Kollaborative Governance-Modelle fördern integrative Entscheidungsprozesse, erleichtern die Konsensbildung und schaffen Eigenverantwortung für transformative Richtlinien, was zu nachhaltigeren und wirkungsvolleren Ergebnissen führt.

Internationale Zusammenarbeit und Lernen

Politische Führungskräfte können auch über die nationalen Grenzen hinausblicken und sich für internationale Zusammenarbeit und Lernen engagieren. Durch den Austausch bewährter Verfahren, die Weitergabe von Wissen und die Zusammenarbeit mit anderen Nationen können Führungskräfte Einblicke in erfolgreiche Transformationsansätze gewinnen und diese an ihre eigenen Kontexte anpassen. Internationale Zusammenarbeit kann dazu beitragen, Herausforderungen globaler Kräfte zu bewältigen und kollektives Handeln für gemeinsame Ziele zu fördern.

Abschluss

Kapitel 7 untersucht Alternativen und Reformwege, die den Teufelskreis des Status quo durchbrechen können. Innovative Strategien, Basisbewegungen, systemische Reformen, politische Experimente, kollaborative Governance und internationale Zusammenarbeit bieten alle Möglichkeiten für transformatives Handeln. Indem sie diese Alternativen annehmen und sinnvolle Reformen umsetzen, können politische Führer die in den vorherigen Kapiteln dargelegten Zwänge überwinden und den Weg für eine neue Ära des fortschreitenden Wandels ebnen. In den folgenden Kapiteln werden wir unser Verständnis der wirkenden Kräfte festigen und Schlussfolgerungen darüber ziehen, warum der nächste Präsident möglicherweise aus dem Kreislauf der

Wiederholungen ausbrechen kann oder
nicht.

HOFFNUNG AUF VERÄNDERUNG?

Einführung

Nach der Untersuchung der verschiedenen Faktoren, die zur Wiederholung von Mustern in der Politik beitragen, und der Untersuchung potenzieller Alternativen und Reformmöglichkeiten befasst sich dieses Kapitel mit der Frage, ob Hoffnung auf echte Veränderungen besteht. Ist es für den nächsten Präsidenten möglich, aus dem Kreislauf des Status quo auszubrechen und transformative Maßnahmen einzuleiten? In diesem Kapitel bewerten wir die Aussichten für Veränderungen unter

Berücksichtigung der Komplexität,
Herausforderungen und potenziellen
Katalysatoren, die zu einer Abkehr von
bekannten Mustern führen könnten.

Die Komplexität des Wandels

Die Herbeiführung sinnvoller
Veränderungen ist eine komplexe
Aufgabe, die die Bewältigung
zahlreicher miteinander verbundener
Faktoren erfordert. Politische,
wirtschaftliche, soziale und kulturelle
Dynamiken spielen alle eine Rolle bei
der Gestaltung der Möglichkeiten für
transformatives Handeln. Das komplexe
Geflecht miteinander verbundener
Herausforderungen kann es schwierig
machen, den Status quo abzubauen
und substanzielle Reformen
umzusetzen. Das Erkennen der

Komplexität ist jedoch der erste Schritt zur Entwicklung einer umfassenden Strategie für Veränderungen.

Die Rolle der Führung

Führung spielt eine entscheidende Rolle bei der Förderung von Veränderungen. Die Vision, die Werte und die Fähigkeit des nächsten Präsidenten, andere zu inspirieren und zu mobilisieren, werden die Aussichten für transformative Maßnahmen erheblich beeinflussen. Zu einer wirksamen Führung gehört es, schwierige Entscheidungen zu treffen, Interessenkonflikten entgegenzutreten und Risiken einzugehen, um den Status quo in Frage zu stellen. Führungskräfte, die den Mut, die Entschlossenheit und den strategischen Scharfsinn besitzen, Hindernisse zu überwinden, können ein Umfeld schaffen, das Veränderungen begünstigt.

Katalysatoren für Veränderungen

Bestimmte Katalysatoren können transformative Maßnahmen anregen und Chancen für Veränderungen bieten. Krisen, sei es in wirtschaftlicher, sozialer oder ökologischer Hinsicht, können als Weckrufe dienen, die eine Abkehr vom normalen Tagesgeschäft erfordern. Diese Krisen legen häufig Schwachstellen offen, regen die öffentliche Meinung an und erzeugen ein Gefühl der Dringlichkeit für transformative Maßnahmen. Darüber hinaus können Veränderungen in der gesellschaftlichen Einstellung, demografische Veränderungen und technologische Fortschritte auch als Katalysatoren wirken und die

Notwendigkeit von Veränderungen
vorantreiben.

Öffentliche Nachfrage und Mobilisierung

Die Macht der öffentlichen Nachfrage
und Mobilisierung sollte nicht
unterschätzt werden. Wenn Bürger sich
aktiv am politischen Prozess beteiligen,
ihre Bedenken äußern und
Veränderungen fordern, ist die
Wahrscheinlichkeit größer, dass
politische Führer reagieren.
Basisbewegungen, sozialer Aktivismus
und öffentlicher Druck können die
Agenda prägen, politische
Entscheidungen beeinflussen und
Führungskräfte zur Rechenschaft
ziehen. Die kollektive Stimme des
Volkes hat das Potenzial, transformative
Maßnahmen voranzutreiben und den

Kreislauf des Status quo zu durchbrechen.

Widerstand und Pushback überwinden

Widerstand gegen Veränderungen ist unvermeidlich, insbesondere seitens fest verwurzelter Interessen, die vom bestehenden System profitieren. Politische Führungskräfte müssen Widerstände antizipieren und bewältigen, indem sie Strategien zur Überwindung von Widerständen entwickeln und Unterstützung für eine transformative Politik gewinnen. Der Aufbau von Koalitionen, die Einbindung von Interessengruppen und die effektive Kommunikation der Vorteile des Wandels können dazu beitragen, Opposition zu neutralisieren und

Unterstützung für fortschrittliche
Reformen zu gewinnen.

Nachhaltige Dynamik aufbauen

Für den langfristigen Erfolg ist es entscheidend, die Dynamik des Wandels aufrechtzuerhalten. Transformatives Handeln erfordert mehr als nur kurzfristige Maßnahmen; Es erfordert nachhaltiges Engagement, Belastbarkeit und Ausdauer. Politische Führungskräfte müssen eine Kultur der Kontinuität fördern und sicherstellen, dass transformative Maßnahmen nicht aufgegeben oder im Laufe der Zeit verwässert werden. Durch den Aufbau einer nachhaltigen Dynamik können Führungskräfte dauerhafte Veränderungen bewirken und sich aus

dem wiederkehrenden Kreislauf
unerfüllter Versprechen befreien.

Abschluss

Kapitel 8 bewertet die Aussichten für
Veränderungen und geht der Frage
nach, ob es Hoffnung gibt, dass der
nächste Präsident transformative
Maßnahmen herbeiführt. Während die
Komplexität, die Herausforderungen und
der Widerstand gegen Veränderungen
beträchtlich sind, bieten Katalysatoren
für Veränderungen, effektive Führung,
öffentliche Nachfrage und anhaltende
Dynamik Lichtblicke. Durch das
Verständnis der Dynamik, die
Anerkennung der Notwendigkeit
innovativer Ansätze und die Nutzung
der Kraft kollektiven Handelns besteht
für den nächsten Präsidenten eine echte
Chance, aus dem Kreislauf des Status
quo auszubrechen und eine Ära

bedeutungsvoller Veränderungen einzuleiten. Im letzten Kapitel werden wir auf der Grundlage unserer Erkundung Schlussfolgerungen ziehen und Einblicke in den weiteren Weg geben.

ABSCHLUSS

In diesem Buch haben wir die Dynamik untersucht, die zur Wiederholung bekannter Muster in der Politik beiträgt, und Licht darauf geworfen, warum der nächste Präsident wahrscheinlich denselben Weg fortsetzen wird. Wir untersuchten Faktoren wie die Illusion von Veränderung, den Einfluss von Sonderinteressen, die Zwänge des politischen Systems, die Trägheit des Institutionalismus, den Einfluss globaler Kräfte, die Rolle der öffentlichen Meinung und mögliche Reformwege. Während diese Faktoren erhebliche Herausforderungen und Einschränkungen mit sich bringen, gibt es Hoffnungsschimmer für transformative Maßnahmen.

Veränderung ist ein komplexer und vielschichtiger Prozess, der ein umfassendes Verständnis der wirkenden Kräfte erfordert. Der nächste Präsident muss die Komplexität und Feinheiten der politischen Landschaft erkennen und das Zusammenspiel verschiedener Faktoren anerkennen. Auf diese Weise können sie Strategien entwickeln, um Einschränkungen zu überwinden und Chancen für Veränderungen zu nutzen.

Effektive Führung wird entscheidend sein, um transformative Maßnahmen voranzutreiben. Führungskräfte müssen über Visionen, Mut und strategischen Scharfsinn verfügen, um den Status quo in Frage zu stellen, schwierige Entscheidungen zu treffen und andere für ein gemeinsames Ziel zu mobilisieren. Sie müssen innovative Strategien verfolgen, Basisbewegungen

stärken und systemische Reformen
durchführen, die die Ursachen für die
Aufrechterhaltung des Status quo
angehen.

Auch die öffentliche Meinung und das
Engagement der Bürger spielen eine
zentrale Rolle. Die Stimme des Volkes
kann den politischen Diskurs prägen,
Veränderungen fordern und
Führungskräfte zur Rechenschaft
ziehen. Durch die Förderung einer
Kultur der aktiven Bürgerschaft können
Führungskräfte die kollektive Macht der
Öffentlichkeit nutzen und ein Umfeld
schaffen, in dem transformative
Maßnahmen gedeihen können.

Für den langfristigen Erfolg sind die
Überwindung von Widerständen und der
Aufbau nachhaltiger Impulse von
entscheidender Bedeutung. Politische
Führer müssen den Widerstand von

Eigeninteressen antizipieren und bewältigen und Unterstützung für fortschrittliche Reformen gewinnen. Um die Dynamik aufrechtzuerhalten, sind Kontinuität, Widerstandsfähigkeit und die Verpflichtung zur langfristigen Aufrechterhaltung transformativer Richtlinien erforderlich.

Auch wenn die Herausforderungen erheblich sind, gibt es Katalysatoren für Veränderungen, die Chancen für eine Abkehr vom Status quo bieten können. Krisen, Veränderungen in der gesellschaftlichen Einstellung, technologische Fortschritte und demografische Veränderungen können als Katalysatoren wirken und eine Neubewertung etablierter Normen und Praktiken erfordern.

Zusammenfassend lässt sich sagen, dass der nächste Präsident vor

gewaltigen Herausforderungen steht,
wenn er aus dem Kreislauf der
Wiederholungen ausbrechen will. Wenn
man jedoch die Komplexität versteht,
innovative Strategien anwendet, mit der
Öffentlichkeit interagiert und
systemische Reformen durchführt,
besteht Hoffnung auf transformative
Maßnahmen. Durch effektive Führung,
öffentliche Nachfrage und anhaltende
Dynamik können wir uns eine Zukunft
vorstellen, in der der nächste Präsident
nicht das Gleiche tun, sondern
stattdessen den Weg für sinnvolle
Veränderungen ebnen und eine bessere
und fortschrittlichere Gesellschaft für
alle schaffen wird.

ÜBER DEN AUTOR

E-MAIL:
aarasheedmohammed@gmail.com